# Medjugorje

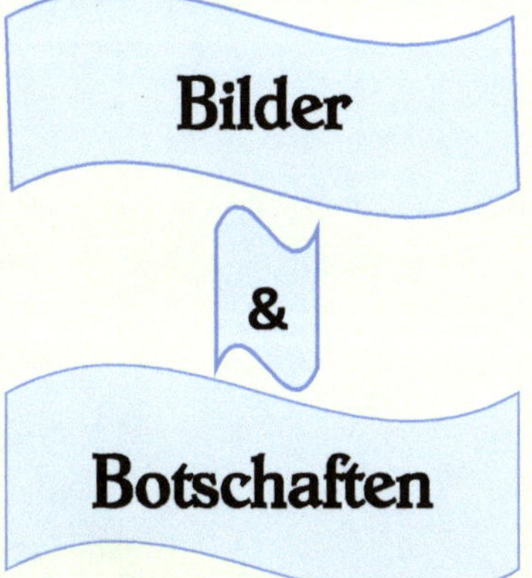

**Bilder**

**&**

**Botschaften**

Orsolya
**Eden**

Impressum:

*Orsolya Eden**
c/o AutorenServices.de
Birkenallee 24
36037 Fulda
Deutschland

* Bitte senden Sie KEINE PAKETE an diese Adresse. Sollten Sie den Versand eines Pakets an mich wünschen, fragen Sie bitte zuerst per E - Mail nach einer gesonderten Adresse. Danke für Ihr Verständnis.

E - Mail: Orsolyaeden1@use.startmail.com

Umschlaggestaltung, Illustration u. Fotos: Orsolya Eden
Übersetzungen aus dem Englischen: Orsolya Eden
Anmerkung: Orsolya Eden ist ein Künstlername

ISBN Taschenbuch: 978-3-9492220-0-9

*Ehre sei dem Vater und dem Sohn und dem
Heiligen Geist und besonderer Dank sei der
Gottesmutter Maria*

Zum Dank an Felicitas, Richard and Cäcilia

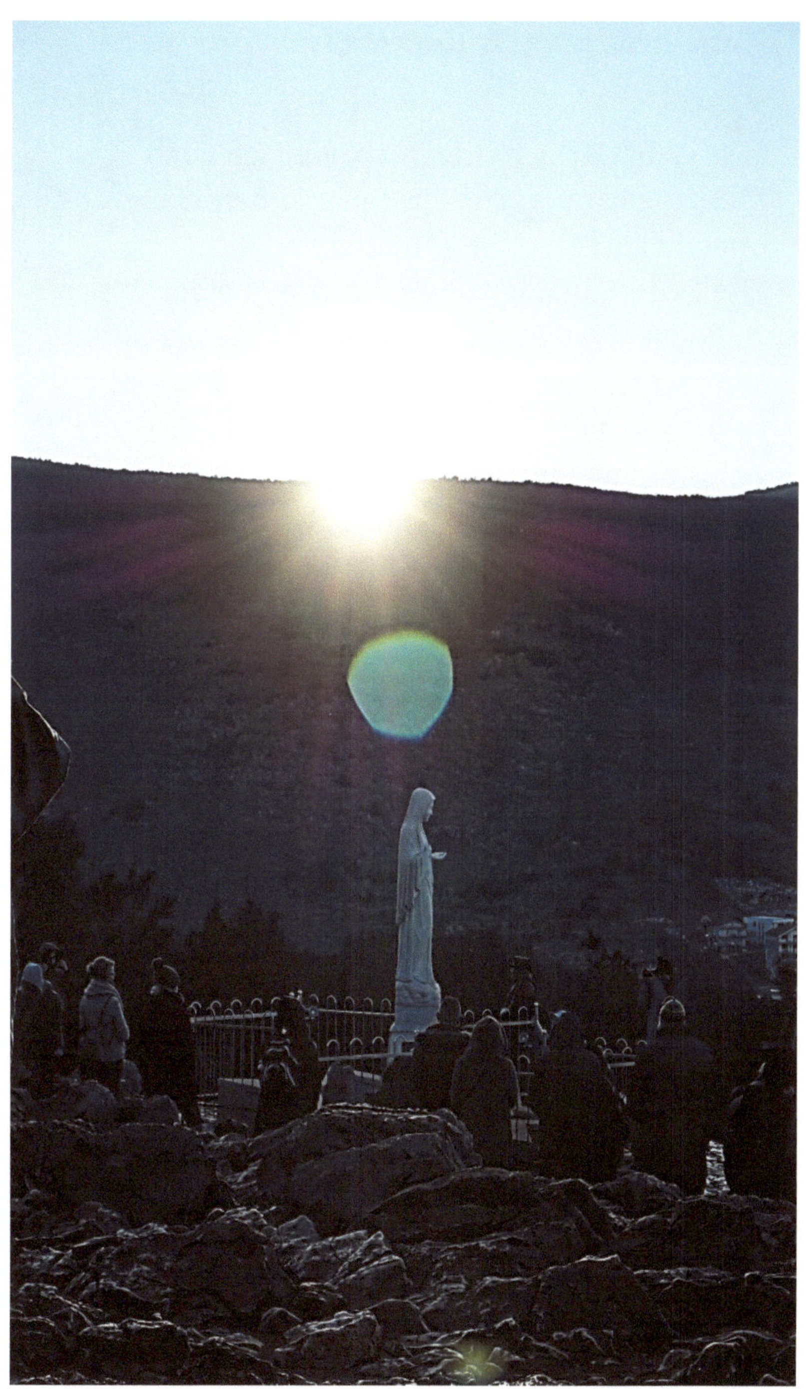

# Botschaft vom 2. Juli 2009 [1]

„Liebe Kinder! Ich rufe Euch, weil ich Euch brauche. Ich brauche Herzen, die bereit sind zu unermeßlicher Liebe - Herzen, die nicht von Eitelkeiten befallen sind - Herzen, die bereit sind zu lieben, wie mein Sohn geliebt hat - die bereit sind, sich selbst zu opfern, wie mein Sohn sich selbst geopfert hat. Ich brauche Euch. Um mit mir zu kommen, vergebt Euch selbst, vergebt anderen und betet meinen Sohn an. Betet Ihn auch für diejenigen an, die Ihn nicht kennengelernt haben, die Ihn nicht lieben. Deshalb brauche ich Euch, deshalb rufe ich Euch. Ich danke Euch."

---

[1] Giovani Luca Zenga (Translator*), Medjugorje 1981 - 2019 History of the apparitions and the messages of the Queen of Peace from 1981 to 2019*, Matica Hrvatska Čitluk, Čitluk - Medjugorje 2019, S. 193 (Übersetzung aus dem Englischen: die Autorin).

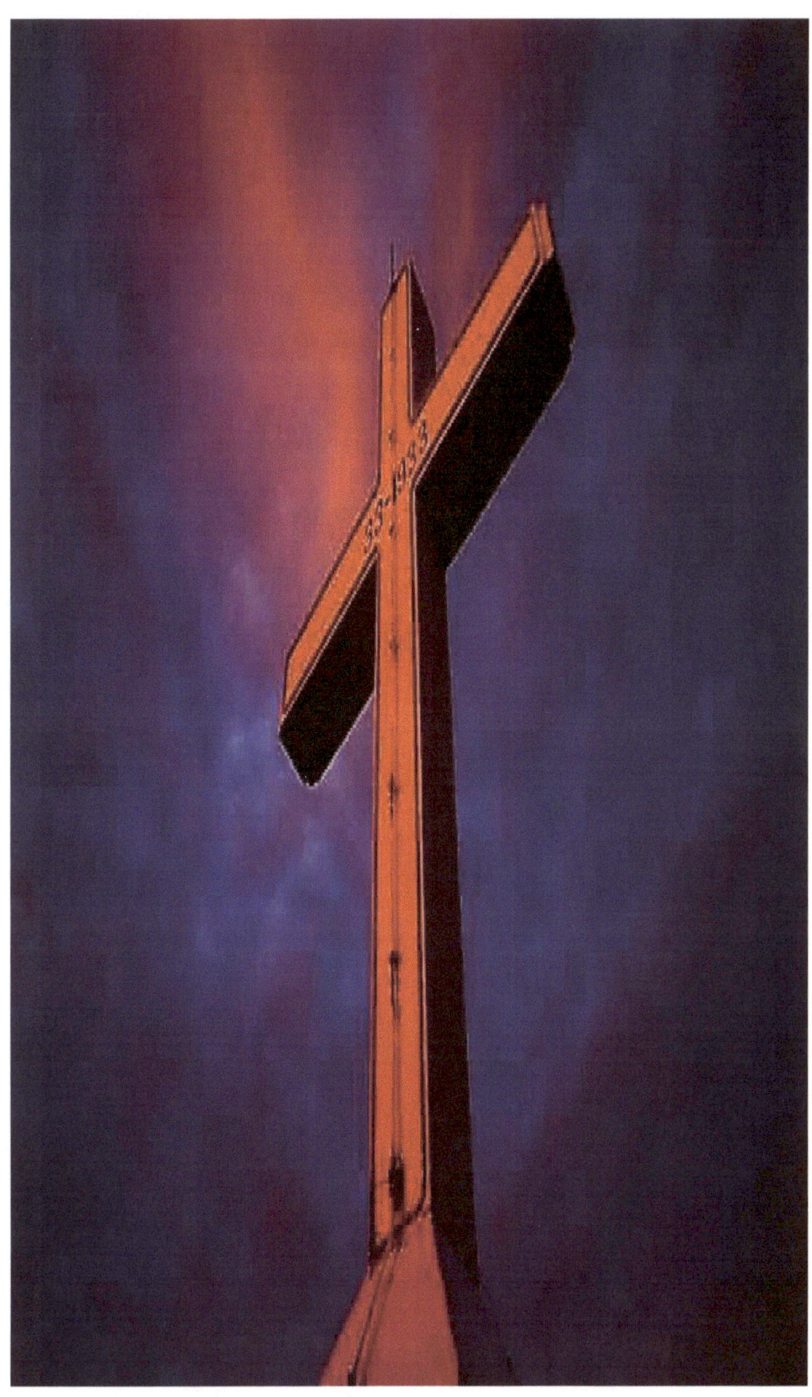

# Botschaft vom 12. September 1985 [2]

„Liebe Kinder! Ich möchte Euch sagen, daß das Kreuz heutzutage im Mittelpunkt stehen sollte. Betet besonders vor dem Kreuz, von dem große Gnaden ausgehen. Nehmt jetzt in Euren Häusern eine besondere Weihe an das Kreuz vor. Versprecht, daß Ihr weder Jesus beleidigen noch das Kreuz mißbrauchen werdet. Danke, daß Ihr meinem Ruf gefolgt seid."

---

[2] Giovani Luca Zenga (Translator*), Medjugorje 1981 - 2019 History of the apparitions and the messages of the Queen of Peace from 1981 to 2019*, Matica Hrvatska Čitluk, Čitluk - Medjugorje 2019, p. 28 (Übersetzung aus dem Englischen: die Autorin).

.

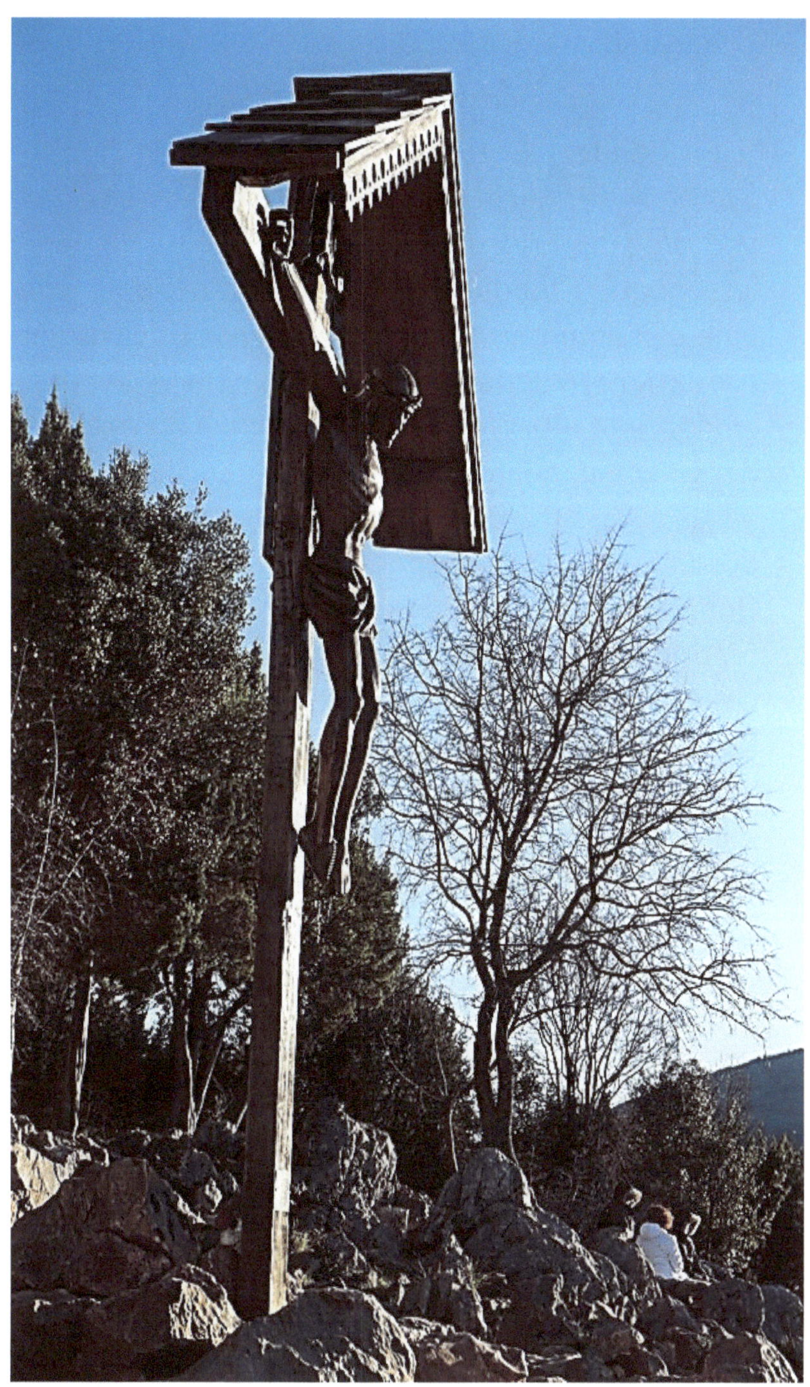

# Botschaft vom 25. August 1997 [3]

„Liebe Kinder!  Gott schenkt mir diese Zeit als ein Geschenk für Euch, damit ich Euch unterweisen und Weg der Erlösung führen kann. Liebe Kinder, jetzt begreift Ihr diese Gnade nicht, aber bald wird eine Zeit kommen, in der Ihr um diese Botschaften lamentieren werdet. Aber deshalb, meine lieben Kinder, lebt alle Worte, die ich Euch in dieser Zeit der Gnade gegeben habe, und erneuert das Gebet, bis das Gebet für Euch zur Freude werde. Besonders rufe ich all jene auf, die sich meinem Unbefleckten Herzen geweiht haben, ein Beispiel für andere zu werden. Ich rufe alle Priester und Ordensbrüder und -schwestern auf, den Rosenkranz zu beten und andere das Beten zu lehren. Der Rosenkranz, meine lieben Kinder, liegt mir besonders am Herzen. Öffnet mir durch den Rosenkranz Euer Herz, und ich kann Euch helfen. Danke, daß ihr meinem Ruf gefolgt seid".

---

[3] Giovani Luca Zenga (Translator*), Medjugorje 1981 - 2019 History of the apparitions and the messages of the Queen of Peace from 1981 to 2019*, Matica Hrvatska Čitluk, Čitluk - Medjugorje 2019, S. 91 (Übersetzung aus dem Englischen: die Autorin).

.

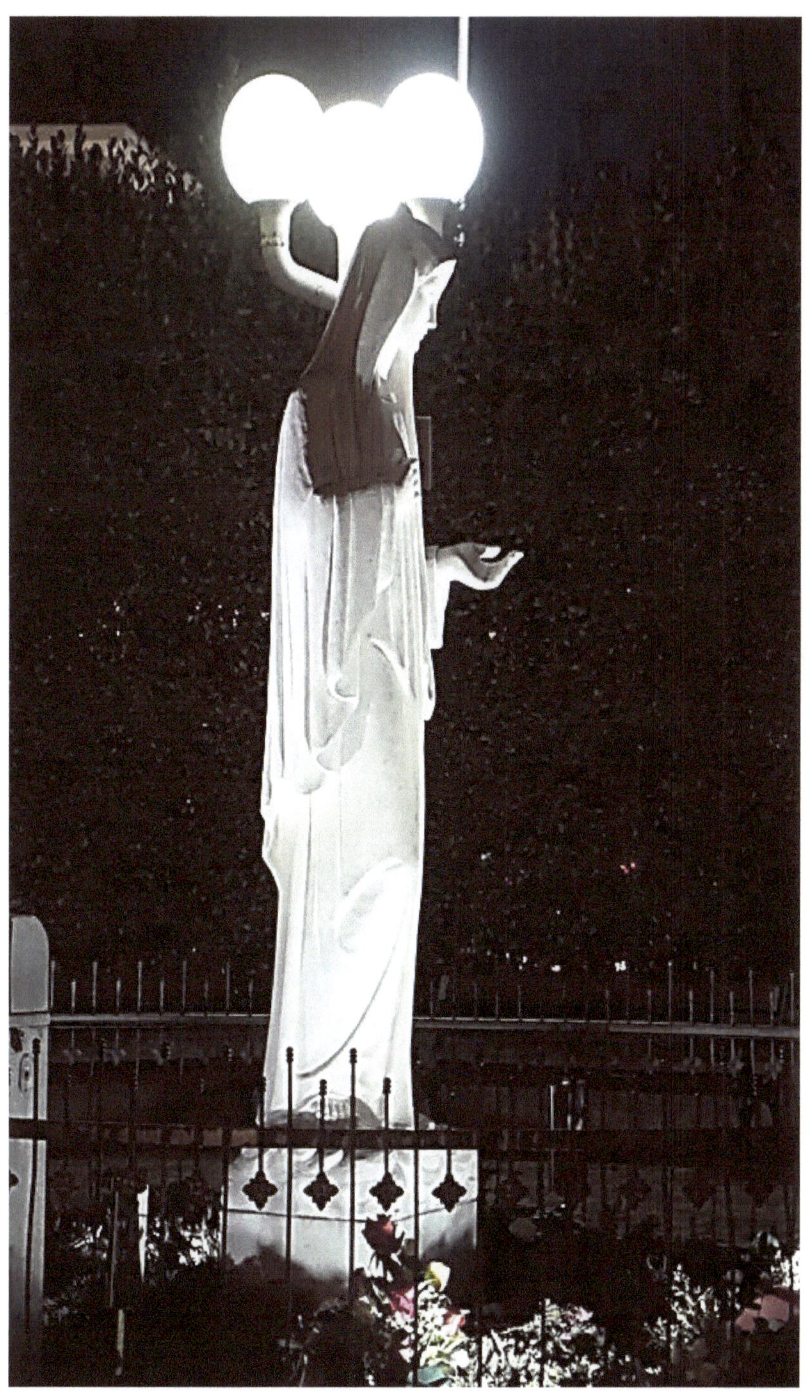

# Botschaft vom 2. Januar 2019 [4]

„Liebe Kinder! Traurigerweise gibt es unter Euch, meinen Kindern, so viel Kampf, Haß, persönliche Interessen und Egoismus. Meine Kinder, so leicht vergeßt ihr meinen Sohn, Seine Worte, Seine Liebe. In vielen Seelen wird der Glaube ausgelöscht, und die Herzen werden von den materiellen Dingen der Welt ergriffen. Aber mein mütterliches Herz weiß, daß es immer noch jene gibt, die glauben und lieben, und die danach suchen, wie sie meinem Sohn noch näherkommen können, die unermüdlich meinen Sohn suchen - so suchen sie dann auch mich. Das sind die Demütigen und Sanftmütigen mit ihren Schmerzen und Leiden, die sie mit ihren Hoffnungen und vor allem mit ihrem Glauben schweigend tragen. Das sind die Apostel meiner Liebe, ich lehre Euch, daß mein Sohn nicht nur um ständige Gebete bittet, sondern auch um Werke und Gefühle - daß Ihr glaubt, daß Ihr betet, daß Ihr mit Euren persönlichen Gebeten im Glauben und in der Liebe wachst. Sich gegenseitig zu lieben ist das, worum Er bittet - das ist der Weg zum ewigen Leben.

---

[4] Giovani Luca Zenga (Translator*), Medjugorje 1981 - 2019 History of the apparitions and the messages of the Queen of Peace from 1981 to 2019*, Matica Hrvatska Čitluk, Čitluk - Medjugorje 2019, S. 259 (Übersetzung aus dem Englischen: die Autorin).

.

Meine Kinder, vergeßt nicht, daß mein Sohn das
Licht in diese Welt gebracht hat, und Er brachte es
zu denen, die es sehen und empfangen wollten.
Seid Ihr diejenigen, denn dies ist das Licht der
Wahrheit, des Friedens und der Liebe. Ich führe
Euch in mütterlicher Weise zur Anbetung meines
Sohnes; damit Ihr meinen Sohn mit mir liebt,
damit Eure Gedanken, Worte und Taten auf
meinen Sohn gerichtet sein mögen - damit sie in
Seinem Namen sein mögen. Dann wird mein Herz
erfüllt werden. Ich danke Euch."

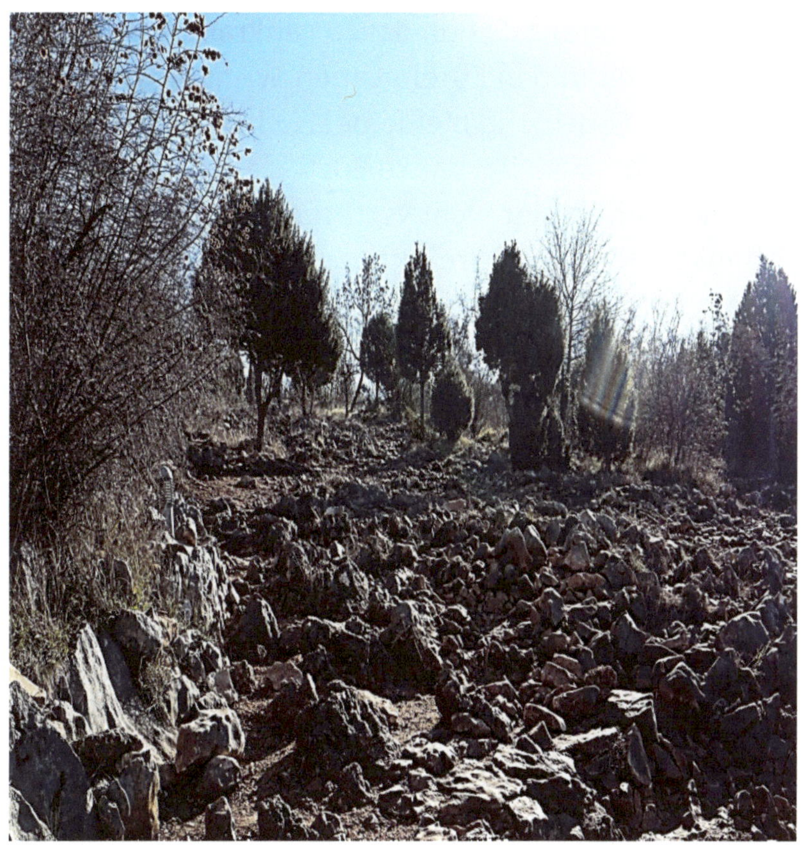

# Botschaft vom 25. Januar 1991[5]

„Liebe Kinder! Heute wie nie zuvor lade ich Euch zum Gebet ein. Laßt Euer Gebet ein Gebet für den Frieden sein. Satan ist stark und möchte nicht nur das menschliche Leben, sondern auch die Natur und den Planeten, auf dem Ihr lebt, zerstören. Deshalb, liebe Kinder, betet, daß ihr Euch durch das Gebet mit Gottes Friedenssegen schützt. Gott hat mich unter Euch gesandt, damit ich Euch helfen kann. Wenn ihr es wünscht, dann ergreift den Rosenkranz. Schon der Rosenkranz allein kann in der Welt und in Eurem Leben Wunder wirken. Ich segne Euch und bleibe bei Euch, solange es der Wille Gottes ist. Ich danke Euch, daß Ihr meine Anwesenheit hier nicht verraten habt, und ich danke Euch, weil Eure Antwort dem Guten und dem Frieden dient."

---

[5] Giovani Luca Zenga (Translator*), Medjugorje 1981 - 2019 History of the apparitions and the messages of the Queen of Peace from 1981 to 2019*, Matica Hrvatska Čitluk, Čitluk - Medjugorje 2019, S. 262 (Übersetzung aus dem Englischen: die Autorin).

.

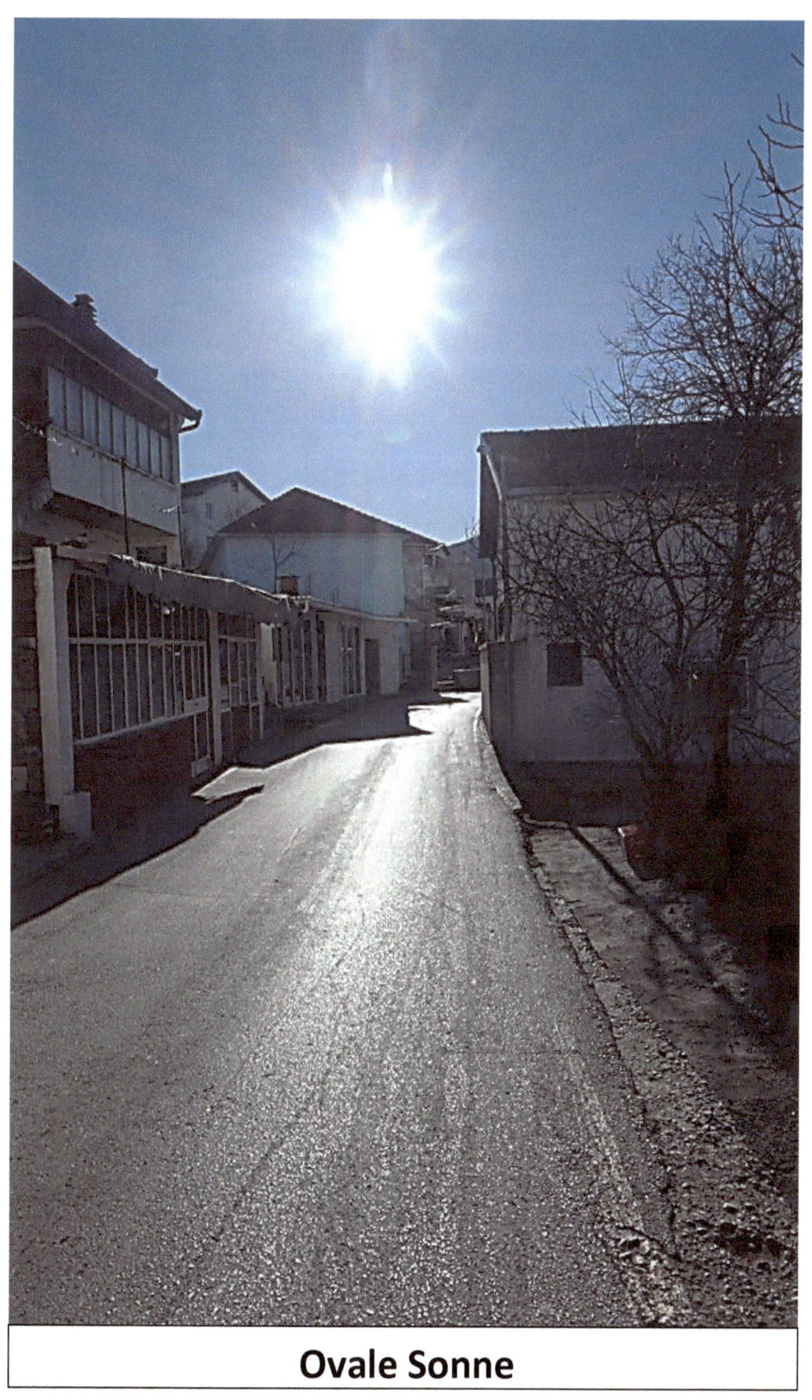

**Ovale Sonne**

# Botschaft vom 2. Februar 2019 [6]

„Liebe Kinder! Die Liebe und Güte des himmlischen Vaters geben Euch Offenbarungen, die den Glauben wachsen lassen, damit er interpretiert werden kann, damit er Frieden, Gewißheit und Hoffnung bringen kann. So zeige auch ich Euch, meinen Kindern, durch die barmherzige Liebe des himmlischen Vaters immer wieder von neuem den Weg zu meinem Sohn auf, zum ewigen Heil. Aber leider wollen mich viele meiner Kinder nicht hören; viele meiner Kinder sind gespalten. Und ich - ich habe immer, in der Zeit und über die Zeit hinaus, den Herrn für alles, was er in mir und durch mich getan hat, groß gemacht. Mein Sohn gibt sich Euch hin und bricht mit Euch das Brot. Er spricht die Worte des ewigen Lebens zu Euch, damit Ihr sie zu allen tragen könnt. Und Ihr, meine Kinder, Apostel meiner Liebe, wovor fürchtet Ihr Euch, wenn mein Sohn bei Euch ist? Bringt Ihm Eure Seelen dar, damit Er in ihnen sein kann und damit Er Euch zu Werkzeugen des Glaubens, zu Werkzeugen der Liebe machen kann. Meine Kinder, lebt das

---

[6] Giovani Luca Zenga (Translator*), Medjugorje 1981 - 2019 History of the apparitions and the messages of the Queen of Peace from 1981 to 2019*, Matica Hrvatska Čitluk, Čitluk - Medjugorje 2019, SS. 259, 260 (Übersetzung aus dem Englischen: die Autorin).

.

Evangelium, lebt die barmherzige Liebe zu Euren Nächsten und vor allem die lebendige Liebe zum himmlischen Vater. Meine Kinder, Ihr seid nicht durch Zufall vereint. Der Vater im Himmel verbindet niemanden durch Zufall. Mein Sohn spricht zu Euren Seelen. Ich spreche zu Eurem Herzen. Als Mutter sage ich zu Euch: Geht mit mir auf den Weg, liebt einander, gebt Zeugnis. Fürchtet Euch nicht, mit Eurem Beispiel die Wahrheit zu verteidigen - das Wort Gottes, das ewig ist und sich nie ändert. Meine Kinder, wer immer im Licht der barmherzigen Liebe und der Wahrheit handelt, dem hilft immer der Himmel und er ist nicht allein. Apostel meiner Liebe, möget Ihr immer unter allen anderen an Eurer Verborgenheit, Liebe und Ausstrahlung erkannt werden. Ich bin mit Euch. Ich danke Euch.“

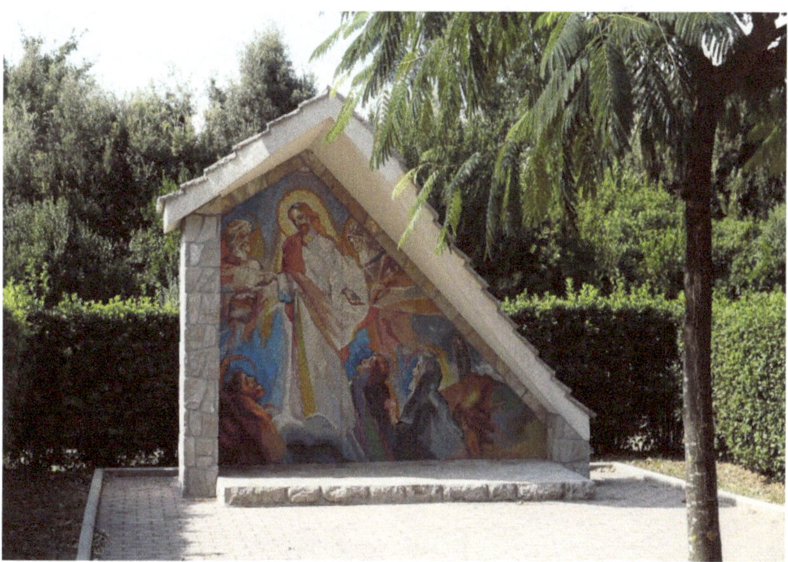

# Botschaft vom 2. März 2018 [7]

„Liebe Kinder, groß sind die Werke, die der himmlische Vater in mir getan hat, wie Er sie in all denen tut, die Ihn zärtlich lieben und Ihm treu und ergeben dienen. Meine Kinder, der himmlische Vater liebt Euch, und durch Seine Liebe bin ich hier bei Euch. Er spricht zu Euch. Warum wollt Ihr die Zeichen nicht sehen? Alles ist leichter an Seiner Seite. Auch Schmerz, der mit Ihm gelebt wird, ist leichter, weil der Glaube existiert. Der Glaube hilft im Schmerz, und Schmerzen ohne Glauben führen zur Verzweiflung. Der Schmerz, der durchlebt und Gott dargebracht wird, steigt auf. Hat nicht mein Sohn die Welt durch sein schmerzliches Opfer erlöst? Als Seine Mutter war ich mit Ihm in Schmerz und Leid, so wie ich mit Euch allen zusammen bin. Meine Kinder, ich bin bei Euch im Leben, im Leiden, im Schmerz, in der Freude und in der Liebe.

Deshalb habt Hoffnung. Es ist die Hoffnung, die Euch begreifen läßt, daß es Leben gibt. Meine Kinder, ich spreche zu Euch, meine Stimme spricht zu Eurer Seele, mein Herz spricht zu Eurem

---

[7] Giovani Luca Zenga (Translator), *Medjugorje 1981 - 2019 History of the apparitions and the messages of the Queen of Peace from 1981 to 2019*, Matica Hrvatska Čitluk, Čitluk - Medjugorje 2019, S. 250, 251 (Übersetzung aus dem Englischen: die Autorin).

.

Herzen. Oh, Ihr Apostel meiner Liebe, wie sehr
Euch mein mütterliches Herz liebt. Wie viele Dinge
möchte ich Euch lehren. Wie sehr sich mein
mütterliches Herz wünscht, daß Ihr vollkommen
seid, und Ihr könnt nur vollkommen sein, wenn
Eure Seele, Euer Körper und Eure Liebe in Euch
vereint sind. Als meine Kinder flehe ich Euch an,
betet viel für die Kirche und ihre Diener - Ihre
Hirten; daß die Kirche so sein möge, wie mein
Sohn es wünscht - klar wie Quellwasser und voller
Liebe. Ich danke Euch."

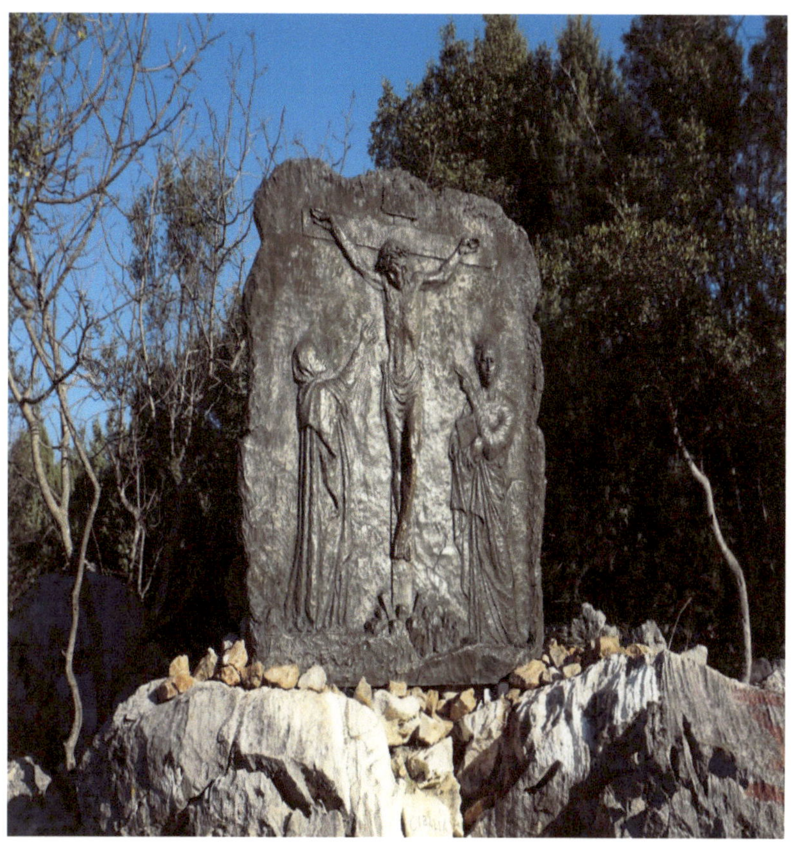

# Botschaft vom 21. Juli 1982 [8]

„Im Fegefeuer gibt es viele Seelen. Dort gibt es auch Menschen, die Gott geweiht wurden, einige Priester, einige Ordensleute. Betet für sie mindestens 7 Vater Unser, das Ave Maria und das Ehre sei und das Glaubensbekenntnis. Ich empfehle es Euch! Es gibt eine große Anzahl von Seelen, die seit langer Zeit im Fegefeuer sind, weil niemand für sie betet."

Eine Antwort, die das Fasten betrifft:  Am besten wird bei Wasser und Brot gefastet. Durch Fasten und Beten können Kriege beendet und die Naturgesetze aufgehoben werden. Wohltätigkeit kann das Fasten nicht ersetzen. Jene, die nicht fasten können, können es manchmal durch Gebet, Wohltätigkeit und eine Beichte ersetzten; aber jeder, bis auf die Kranken, muß fasten. (CP 69)".

---

[8] Medjugorje - Apologia.com, *The Messages of Medjugorje: The Complete Text, 1981 - 2014*, 2014, S. 49 (Übersetzung aus dem Englischen: die Autorin).

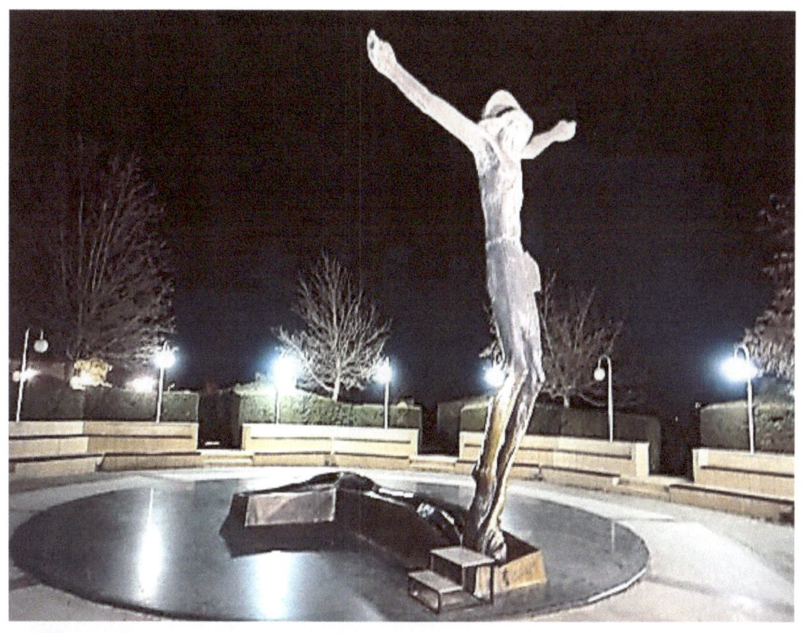

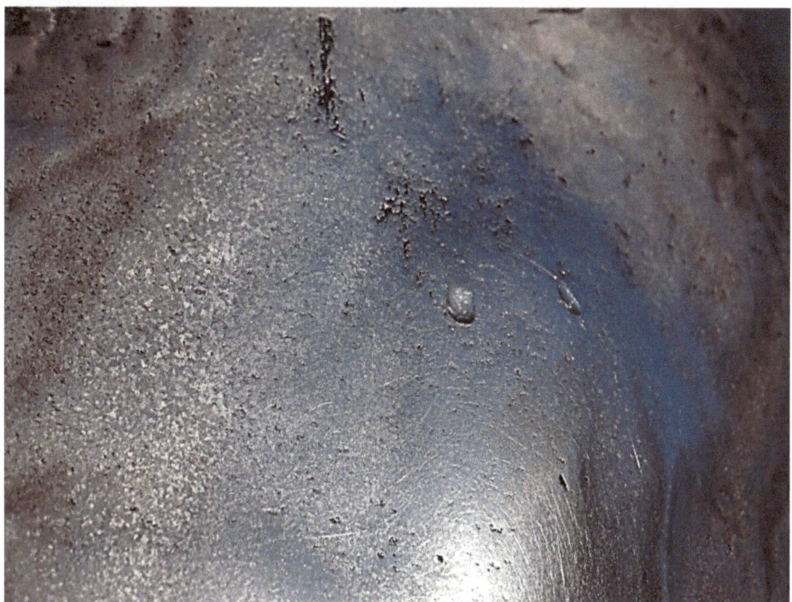

**Tropfen aus dem Knie der Statue des Auferstandenen Jesu**

# Botschaft vom 25. Juli 1982 [9]

„Eine Antwort auf Fragen, die die Hölle betreffen.
Heutzutage kommen viele Menschen in die Hölle.
Gott erlaubt seinen Kindern in der Hölle zu leiden,
weil sie schwerwiegende, unentschuldbare Sünden
begangen haben. Jene, die in der Hölle sind, haben
nicht mehr die Möglichkeit ein besseres Schicksal
für sich zu erwirken. (CP 71)
Eine Antwort auf Fragen, die die Heilung von
Krankheiten betreffen. Um Kranke zu heilen, ist es
wichtig, die folgenden Gebete zu sprechen: das
Glaubensbekenntnis, 7 Vater unser, Ave Marias
und das Ehre sei, sowie mit Brot und Wasser zu
fasten. Es ist gut dem Kranken die Hände
aufzulegen und zu beten. Es ist gut die Kranken mit
heiligem Öl zu salben. Nicht alle Priester vermögen
es zu heilen. Um diese Gabe wiederzubeleben,
muß der Priester mit Ausdauer beten und einen
festen Glauben haben. (CP 71).“

---

[9] Medjugorje - Apologia.com, *The Messages of Medjugorje: The Complete Text, 1981 - 2014*, 2014, S. 49 (Übersetzung aus dem Englischen: die Autorin).

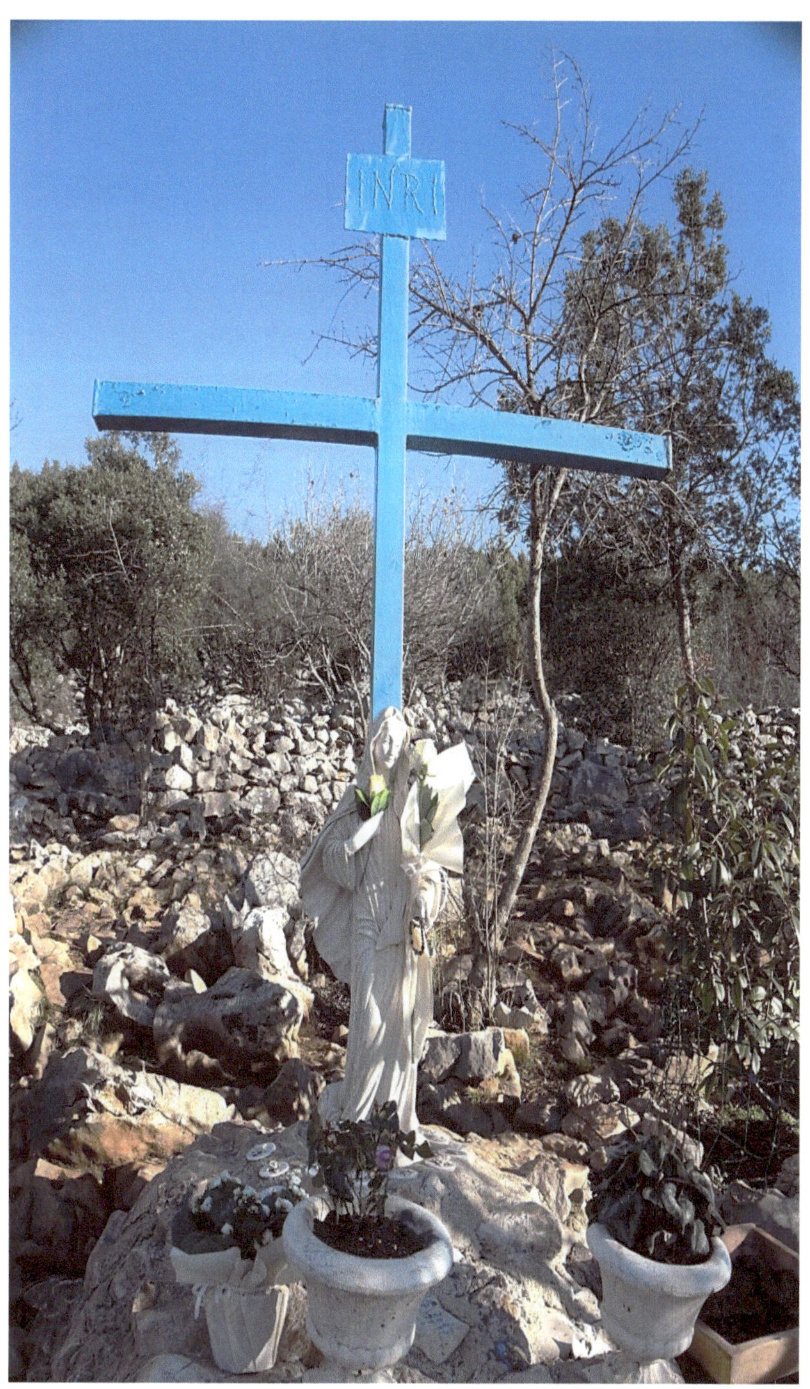

# Botschaft von 1984 - 1985 [10]

„Antwort auf die Verunsicherung eines katholischen Priesters, nach der Heilung eines orthodoxen Kindes: Sag diesem Priester, sag es jedem, daß Ihr es seid, die Ihr geteilt auf Erden seid. Die Muslime und die Orthodoxen, aus demselben Grund wie die Katholiken, sind gleich vor meinem Sohn und mir. Ihr seid alle meine Kinder. Sicherlich sind alle Religionen nicht gleichgestellt, aber alle Menschen sind gleich vor Gott, wie der hl. Paulus sagt. Es genügt nicht der katholischen Kirche zugehörig zu sein, um gerettet zu werden, sondern es bedarf der Beachtung der Gebote Gottes, durch Befolgen des eigenen Gewissens. Jene, die nicht Katholiken sind, sind nicht weniger Wesen, die nach dem Abbild Gottes geschaffen wurden und dazu bestimmt, eines Tages, mit dem Hause des Vaters vereint zu sein. Die Errettung steht jedem, ohne Ausnahme, offen. Nur diejenigen, die Gott absichtlich ablehnen, sind verdammt. Von demjenigen, dem wenig gegeben worden ist, wird wenig verlangt werden. Wem hingegen viel gegeben wurde (den Katholiken), von dem wird sehr viel verlangt werden. Es ist Gott alleine, der in Seiner unendlichen Gerechtigkeit,

---

[10] Medjugorje - Apologia.com, *The Messages of Medjugorje: The Complete Text, 1981 - 2014*, 2014, S. 104 (Übersetzung aus dem Englischen: die Autorin).

den Grad der Verantwortung bestimmt und das Urteil verkündet. (C128)."

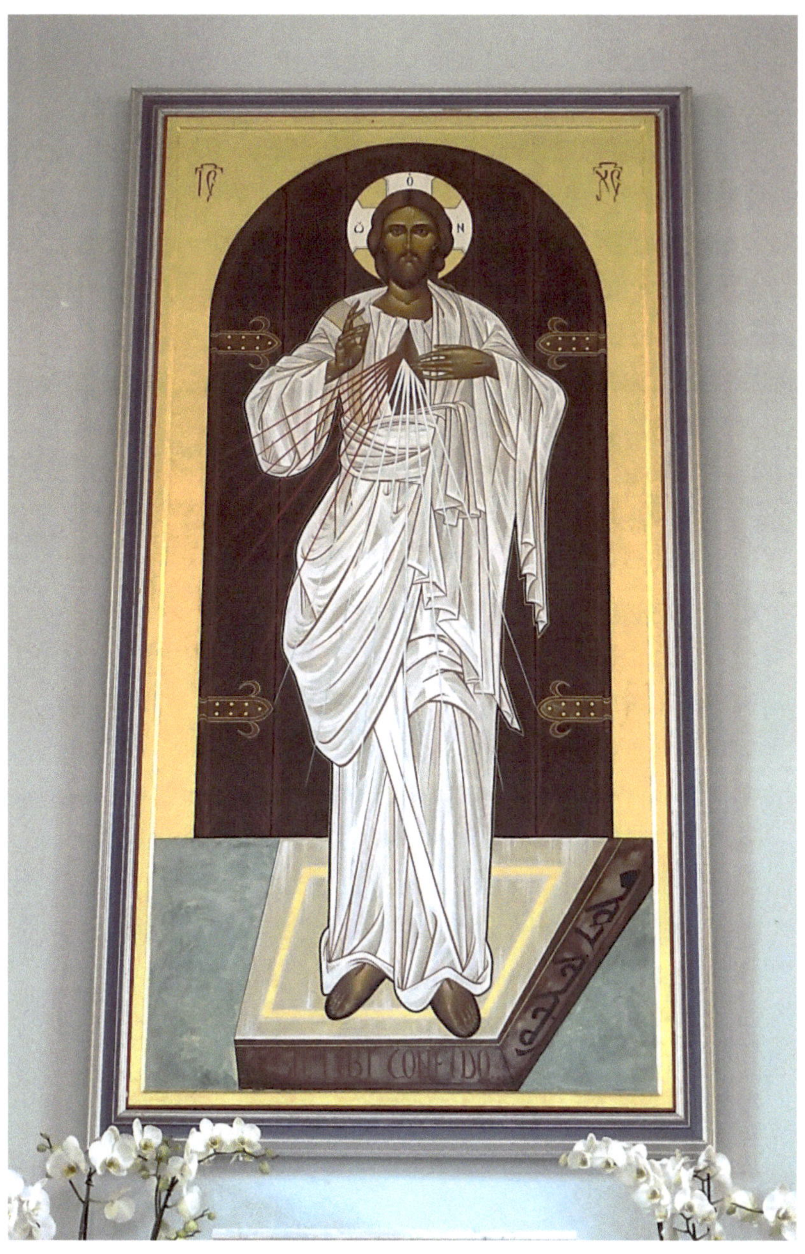

# Botschaft vom 2. Oktober 2011 [11]

„Liebe Kinder; auch heute ruft Euch mein mütterliches Herz zum Gebet auf, zu Eurer persönlichen Beziehung zu Gott, dem Vater, zur Freude des Gebets in Ihm. Gott, der Vater, ist nicht weit von Euch entfernt, Er ist Euch nicht unbekannt. Er hat sich Euch durch meinen Sohn offenbart und Euch das Leben geschenkt, das mein Sohn ist. Deshalb, meine Kinder, gebt nicht den Versuchungen nach, die Euch von Gott, dem Vater, trennen wollen. Betet! Versucht nicht, Familien und Gesellschaften ohne Ihn zu haben. Betet! Betet, daß Eure Herzen von der Güte überflutet werden, die nur von meinem Sohn kommt, Der aufrichtige Güte ist. Nur Herzen, die von Güte erfüllt sind, können Gott, den Vater, begreifen und annehmen. Ich werde Euch weiterhin führen. In besonderer Weise ersuche ich Euch, Eure Hirten nicht zu richten. Meine Kinder, vergeßt Ihr, daß Gott, der Vater, sie berufen hat? Betet! Ich danke Euch." Mirjana sagte: Ich habe noch nie etwas gesagt, aber wißt Ihr, Brüder und Schwestern, daß die Mutter Gottes bei uns war? Jeder von uns

---

[11] Giovani Luca Zenga (Translator*), Medjugorje 1981 - 2019 History of the apparitions and the messages of the Queen of Peace from 1981 to 2019*, Matica Hrvatska Čitluk, Čitluk - Medjugorje 2019, S. 203 (Übersetzung aus dem Englischen: die Autorin).

sollte sich fragen: "Seid Ihr dessen würdig?" Ich sage das, weil es mir schwerfällt, Sie (die Muttergottes) leiden zu sehen, weil jeder von uns ein Wunder sucht, aber kein Wunder in sich selbst wirken will."

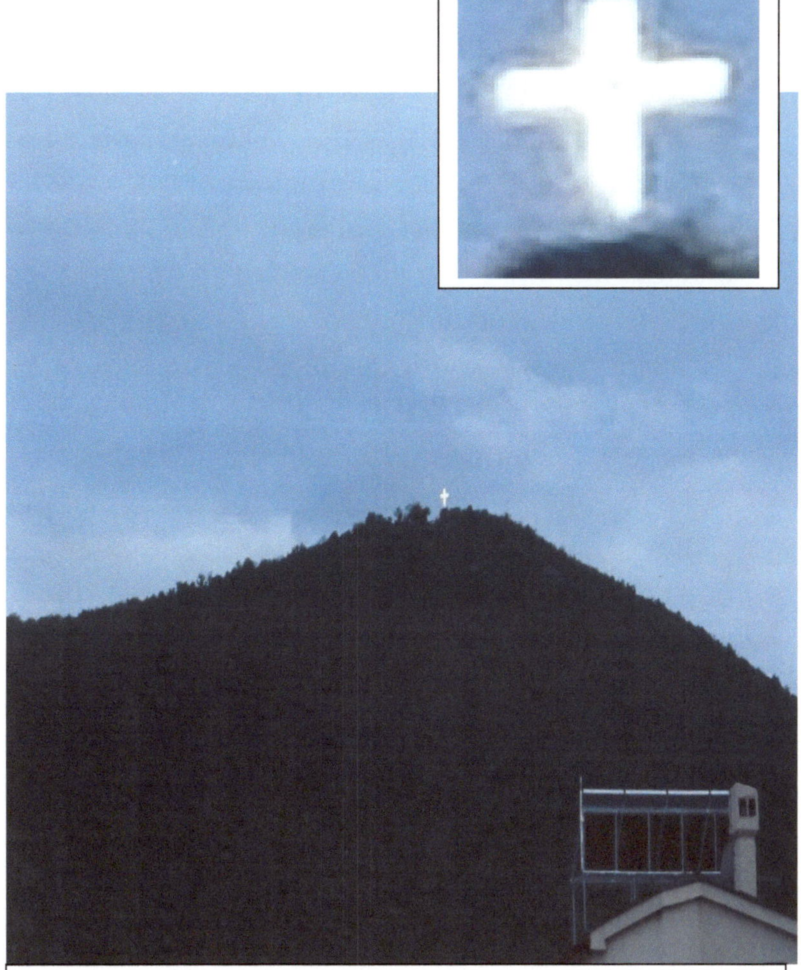

## Schwebendes und formverändertes Križevac - Kreuz

# Botschaft vom 2. August 2018 [12]

„Liebe Kinder, mit mütterlicher Liebe rufe ich Euch auf, Eure Herzen für den Frieden zu öffnen; Eure Herzen meinem Sohn zu öffnen, damit in Euren Herzen die Liebe zu meinem Sohn singt, denn nur aus dieser Liebe kommt der Friede in die Seele. Meine Kinder, ich weiß, daß Ihr Güte habt, ich weiß, daß Ihr Liebe habt - eine barmherzige Liebe, aber viele meiner Kinder haben immer noch ein verschlossenes Herz. Sie glauben, daß sie es schaffen können, ohne ihre Gedanken auf den himmlischen Vater zu richten, der erleuchtet - auf meinen Sohn, der in der Eucharistie immer wieder neu bei Euch ist und der Euch zuhören möchte. Meine Kinder, warum sprecht ihr nicht zu Ihm? Das Leben eines jeden von Euch ist wichtig und kostbar, denn es ist ein Geschenk des Himmlischen Vaters für die Ewigkeit. Deshalb vergeßt nie, Ihm immer wieder zu danken: Sprecht zu Ihm. Ich weiß, meine Kinder, daß Ihr nicht wißt, was danach kommt, aber wenn Euer Jenseits kommt, werdet Ihr alle Antworten erhalten. Meine mütterliche

---

[12] Giovani Luca Zenga (Übersetzer*), Medjugorje 1981 - 2019 History of the apparitions and the messages of the Queen of Peace from 1981 to 2019*, Matica Hrvatska Čitluk, Čitluk - Medjugorje 2019, S. 255 (Übersetzung aus dem Englischen: die Autorin).

.

Liebe wünscht, daß Ihr bereit seid. Meine Kinder, legt, durch Euer Leben, immer wieder gute Gefühle in die Herzen der Menschen, denen Ihr begegnet, Gefühle des Friedens, der Güte, der Liebe und der Vergebung. Hört durch das Gebet auf das, was Mein Sohn sagt, und handelt danach. Von neuem rufe ich Euch zum Gebet für Eure Hirten auf, für jene, die mein Sohn berufen hat. Denkt daran, daß sie Gebete und Liebe brauchen. Ich danke Euch."

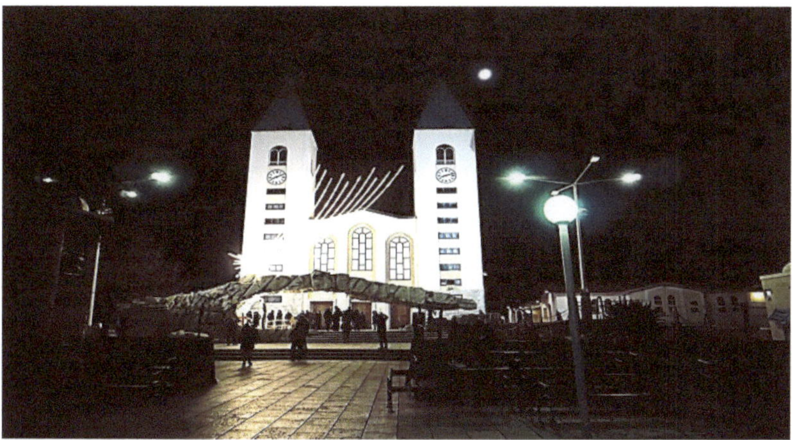

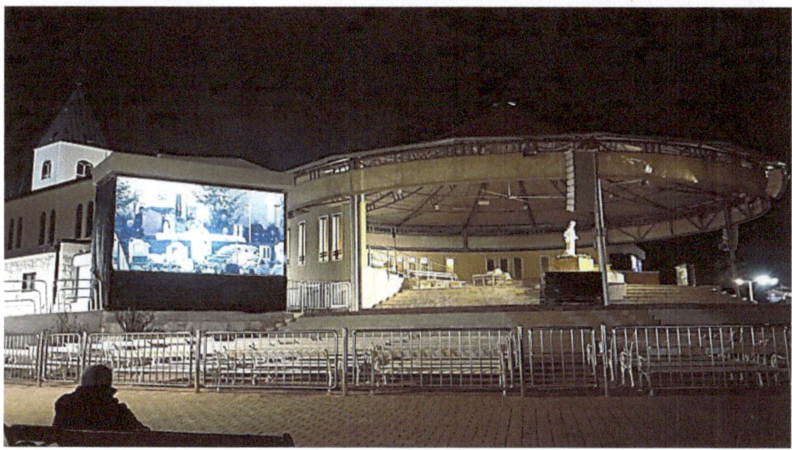

# Botschaft vom 10. Oktober 1985 [13]

„Liebe Kinder! Auch heute möchte ich Euch dazu aufrufen, die Botschaften in der Pfarrei zu leben. Besonders möchte ich die Jugend der Pfarrei auffordern, die mir lieb und teuer ist. Liebe Kinder, wenn Ihr die Botschaften lebt, lebt Ihr den Samen der Heiligkeit. Ich, als Mutter, möchte Euch alle zur Heiligkeit aufrufen, damit Ihr sie anderen zuteil werden lassen könnt. Ihr seid ein Spiegel für die anderen! Danke, daß Ihr meinem Ruf gefolgt seid."

---

[13] Giovani Luca Zenga (Translator*), Medjugorje 1981 - 2019 History of the apparitions and the messages of the Queen of Peace from 1981 to 2019*, Matica Hrvatska Čitluk, Čitluk - Medjugorje 2019, S. 29 (Übersetzung aus dem Englischen: die Autorin).

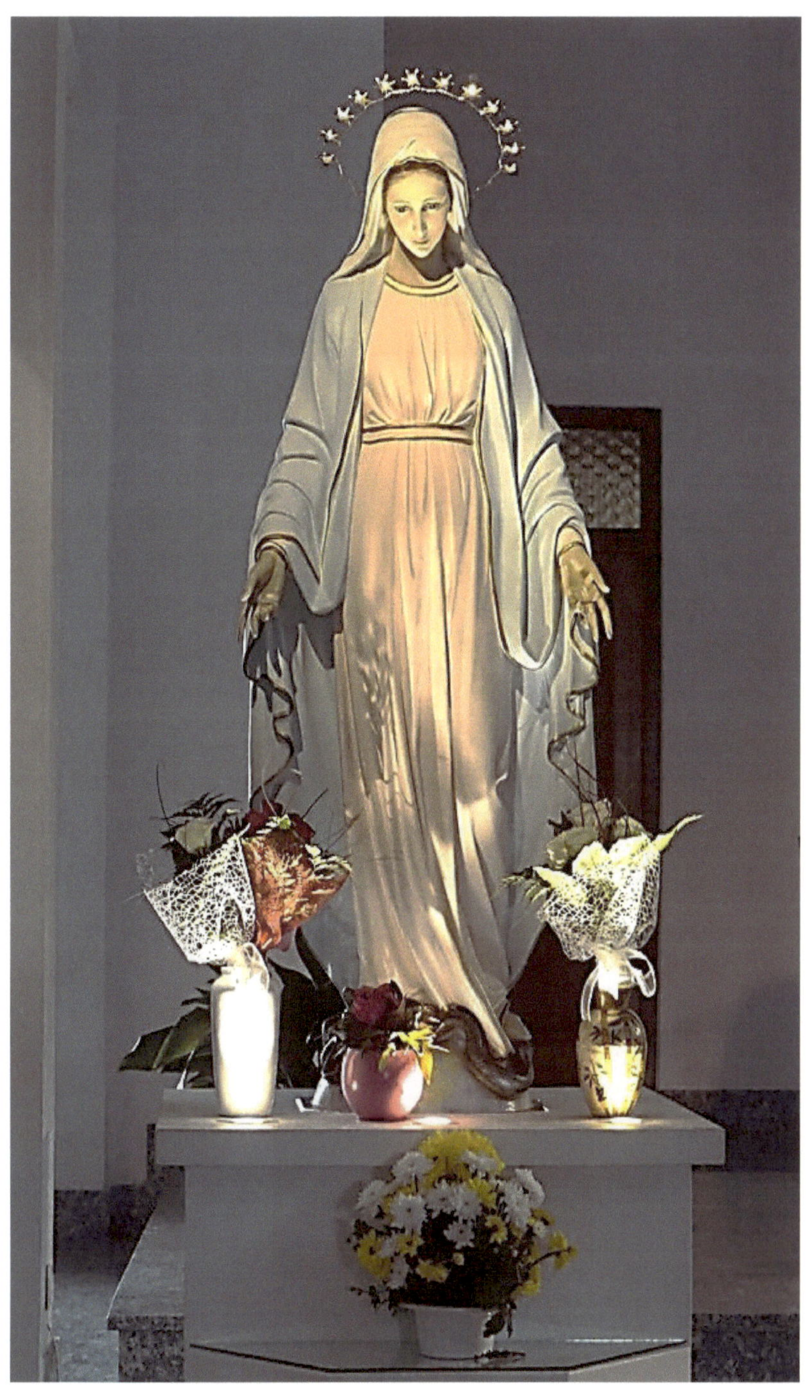

# Botschaft vom 2. November 2019 [14]

„Liebe Kinder, mein geliebter Sohn hat immer gebetet und den himmlischen Vater verherrlicht. Er sagte Ihm immer alles und vertraute auf seinen Willen. Das ist es, was auch Ihr, meine Kinder, tun solltet, denn der Vater im Himmel hört immer auf Seine Kinder. Ein Herz in einem Herzen - Liebe, Licht und Leben.

Der Himmlische Vater schenkte sich selbst durch ein menschliches Gesicht, und dieses Gesicht ist das Gesicht meines Sohnes. Ihr, Apostel meiner Liebe, solltet immer das Antlitz meines Sohnes in Euren Herzen und in Euren Gedanken tragen. Ihr solltet immer an Seine Liebe und Sein Opfer denken. Ihr solltet beten, um immer seine Gegenwart zu spüren, denn, Apostel meiner Liebe, das ist der Weg für Euch, um all denen zu helfen, die meinen Sohn nicht kennen, die seine Liebe nicht kennengelernt haben.

---

14 Medjugorje Web Site, *„Our Lady of Medjugorje Messages of year 2019"* in www.medjugorje.ws unter: https://www.medjugorje.ws/en/messages/2019/ (abgerufen am 30. Juli 2020) (Übersetzung aus dem Englischen: die Autorin).

Meine Kinder, lest das Evangelium. Es bringt
immer etwas Neues, es ist das, was Euch an
meinen Sohn bindet, der geboren wurde, um allen
meinen Kindern die Worte des Lebens zu bringen
und sich für alle zu opfern. Apostel meiner Liebe,
getragen von der Liebe zu meinem Sohn, bringt die
Liebe und den Frieden zu all Euren Brüdern.
Richtet niemanden. Liebt jeden entsprechend der
Liebe zu meinem Sohn. Auf diese Weise werdet Ihr
auch für Eure Seele sorgen, und sie [Eure Seele] ist
das Wertvollste, das Euch wirklich gehört. Ich
danke Euch!"

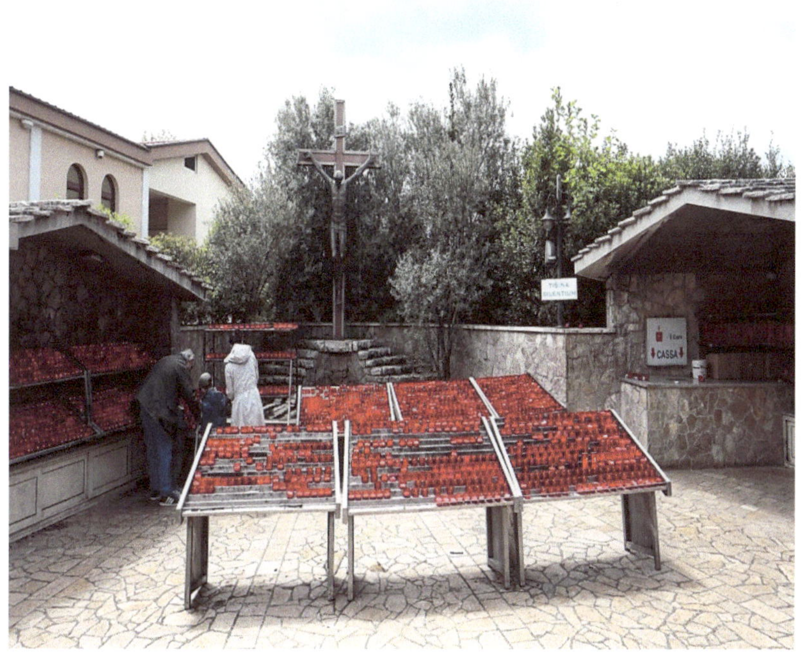

# Botschaft vom 25. Mai. 2010 [15]

"Liebe Kinder! Gott hat Euch die Gnade geschenkt, all das Gute in Euch und um Euch herum zu leben und zu verteidigen, und andere dazu zu inspirieren, besser und heiliger zu sein; aber auch Satan schläft nicht und lenkt Euch durch den Modernismus ab und führt Euch auf seinen Weg. Deshalb, meine lieben Kinder, aus Liebe zu meinem Unbefleckten Herzen, liebt Gott über alles und lebt seine Gebote. Auf diese Weise wird Euer Leben einen Sinn haben, und der Friede wird auf Erden herrschen. Ich danke Euch, daß Ihr meinem Ruf gefolgt seid."

---

[15] Medjugorje - Apologia.com, *The Messages of Medjugorje: The Complete Text, 1981 - 2014*, 2014, S. 138 (Übersetzung aus dem Englischen: die Autorin).

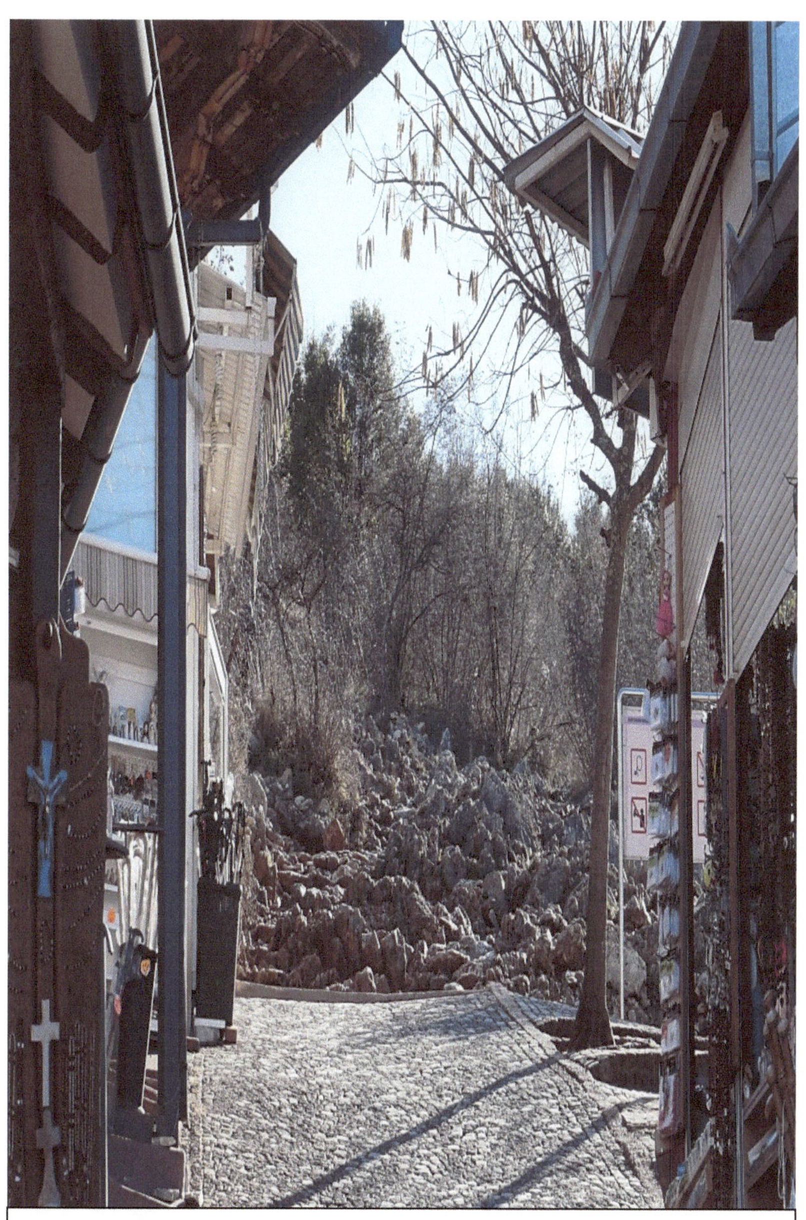

Am Ende der Geschäftsstraße, eine Aufstiegsmöglichkeit zum Erscheinungsberg

# Botschaft vom 25. Oktober 1993 [16]

„Liebe Kinder! In diesen Jahren habe ich Euch aufgerufen, zu beten, zu leben, was ich Euch sage, aber Ihr lebt meine Botschaften ein wenig. Ihr redet, aber Ihr lebt sie nicht, deshalb, meine lieben Kinder, dauert dieser Krieg so lange. Ich lade Euch ein, Euch Gott zu öffnen und in Euren Herzen mit Gott zu leben, das Gute zu leben und Zeugnis für meine Botschaften abzulegen. Ich liebe Euch und möchte Euch vor allem Bösen schützen, aber Ihr wünscht es nicht. Liebe Kinder, ich kann Euch nicht helfen, wenn Ihr Gottes Gebote nicht lebt, wenn Ihr die hl. Messe nicht lebt, wenn Ihr die Sünde nicht aufgebt. Ich lade Euch ein, Apostel der Liebe und Güte zu sein. Gebt in dieser Welt der Unruhe, Zeugnis von Gott und Gottes Liebe, und Gott wird Euch segnen und Euch das geben, was Ihr von Ihm sucht. Ich danke Euch, daß Ihr meinem Ruf gefolgt seid."

---

[16] Medjugorje - Apologia.com, *The Messages of Medjugorje: The Complete Text, 1981 - 2014*, 2014, S. 49 (Übersetzung aus dem Englischen: die Autorin).

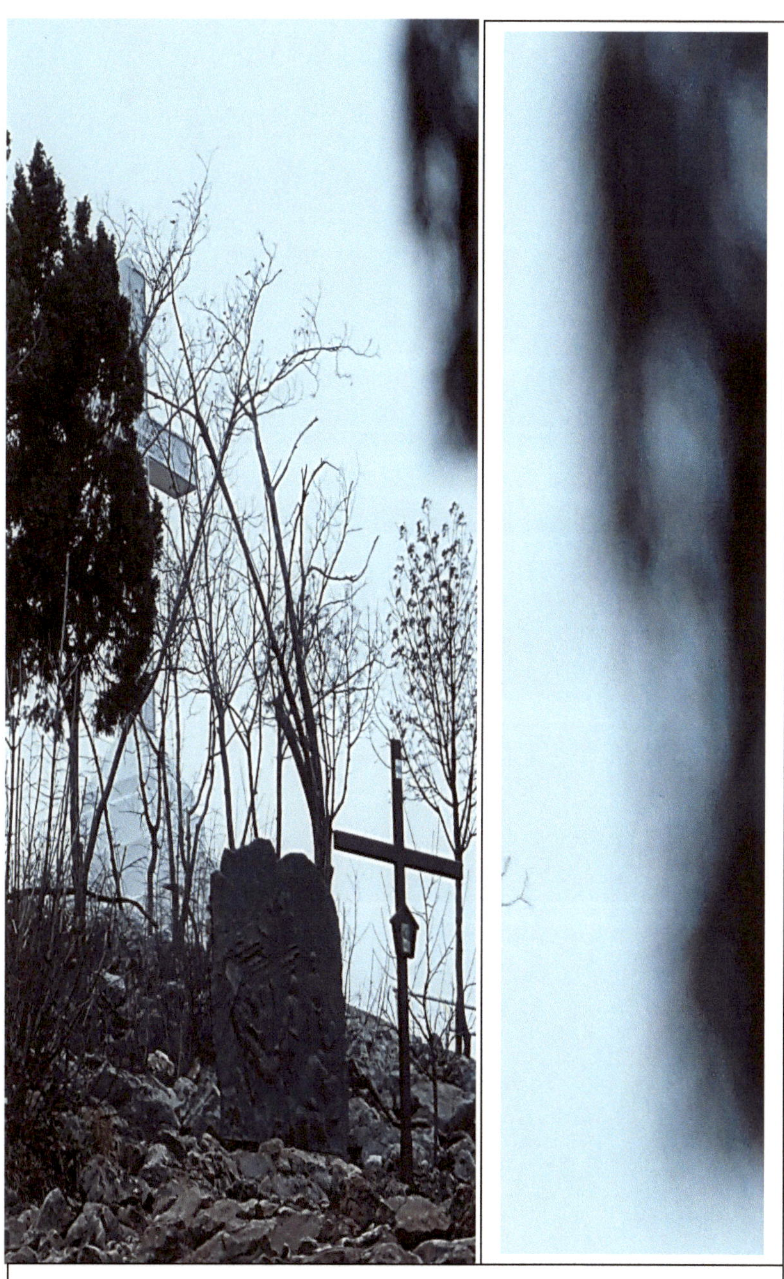

**Das Jesus – Kind auf dem Arm Seiner Mutter Maria**

www.ingramcontent.com/pod-product-compliance
Lightning Source LLC
LaVergne TN
LVHW051456180726
843512LV00001B/61